Narano

Vorwort

Vielen Dank, dass du mein Ausmalbuch zur Hand genommen hast. Hier findest du meine Zeichnungen von außergewöhnlichen, fantasievollen, manchmal ein wenig melancholischen und dennoch liebenswürdigen Traumwelten zum Ausmalen.

Links findest du jeweils eine von mir kolorierte Version des Motivs. Diese farbigen Beispiele kannst du als Inspiration verwenden, aber du musst ihnen nicht folgen. Beim Ausmalen kannst du nach Lust und Laune vorgehen und Farben auswählen, die dir besonders gut gefallen. So kannst du meine Motive in individuelle kleine Kunstwerke verwandeln, die es sonst nirgendwo auf der Welt gibt. Klingt das nicht toll?

Ich wünsche dir ganz viel Freude mit diesem Buch!

Deine Narano

SALE

Tipps zum Ausmalen

Bevor du anfängst, zeige ich dir am Beispiel des Bildes auf dem Buchcover ein paar Tricks zum Ausmalen. Ich habe für dieses Motiv eine „blaue" Grundstimmung gewählt. Du kannst natürlich auch andere Farben wählen, das Prinzip bleibt dasselbe.

Materialien

Buntstifte

Copic Marker

Schattige Bereiche werden komplett blau ausgemalt.

Zur Darstellung der Morgensonne erhält der blau ausgemalte Schatten einen gelben Rand.

Schattenbereiche und von der Sonne bestrahlte Bereiche werden alle blau und gelb eingefärbt.

Die Uniform des Jungen wird grün ausgemalt. Die Schattengrenze erhält eine Linie und schattige Stellen werden dunkler dargestellt.

Die Tasche wird ausgemalt. Damit es wie Leder wirkt, werden schattige Stellen kräftiger und Stellen im Licht zarter eingefärbt.

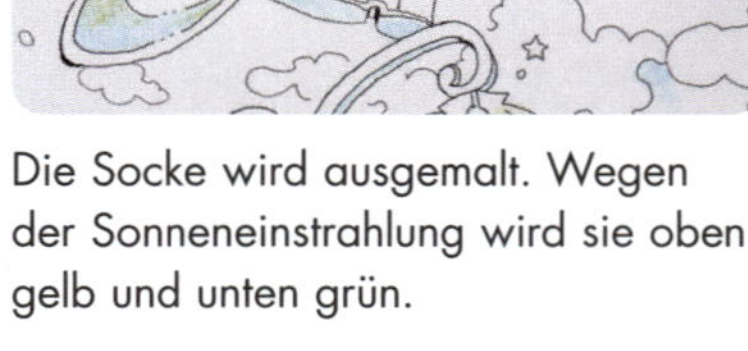

Die Socke wird ausgemalt. Wegen der Sonneneinstrahlung wird sie oben gelb und unten grün.

Der Lederschuh wird braun. Rote Farbe verleiht ihm Glanz.

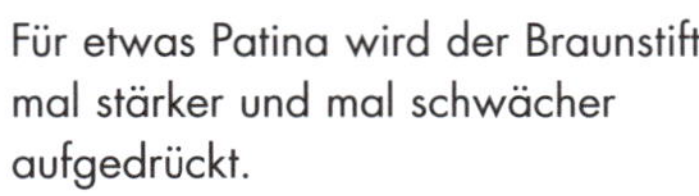

Für etwas Patina wird der Braunstift mal stärker und mal schwächer aufgedrückt.

Das Morgenrot wird gelb angedeutet.

Der Himmel mit der Morgendämmerung wird smaragdgrün ausgemalt, ganz sanft, ohne groß aufzudrücken.

Um Kontrast zum Morgenhimmel zu schaffen, wird das Blau der Häuserschatten verstärkt. Auch Fensterscheiben usw. werden tiefblau.

Im Gegensatz zum hellen Himmel werden die Schatten der Wolken in ein kräftiges Hellblau getaucht.

Um die Sonnenstrahlen darzustellen, erhalten auch die Schatten der Wolken einen gelben Rand.

Auf den Dächern der Häuser wird das Gelb der Strahlen kräftig betont.

Die schwächer beleuchteten Dachstellen werden erst rot und dann orange ausgemalt.

Die kräftigen Farben von Licht und Schatten ergeben ein weiches und dennoch klares Bild.

Das schattige Blau im unteren Bereich der Häuser wird durch wiederholten Farbauftrag kräftiger. So wirkt es, als sei die Stadt noch nicht aus ihrem Schlaf erwacht.

Ein hauchdünner Auftrag von Zartrosa in den beleuchteten Bereichen lässt den Himmel weich erscheinen.

Mit Hellblau wird der Schatten auf dem Ziffernblatt betont, das verstärkt den Glaseffekt.

Die Schatten der Häuser werden violett nachgedunkelt und erhalten so einen anderen Blauton als der Himmel.

Hier und da werden gelbe Highlights gesetzt, um den Eindruck des Sonnenaufgangs zu verstärken.

Tipps zum Ausmalen:

Einsatz von Copic-Markern

* Die Farbe von Copic-Markern kann leicht auslaufen und durch das Papier drücken. Am besten kopierst du die Vorlage, wenn du Copic-Marker verwenden möchtest.

Der Schatten der Tasche erhält durch das Übermalen mit dem blauen Copic-Marker mehr Tiefe.

Stellen, an denen die Morgensonne wie beim Laternenmast für Schatten sorgt und die deshalb abgedunkelt werden sollen, werden mit einem blauen Copic-Marker übermalt. Das sorgt für tiefblaue Schatten.

Die Farbe der Bereiche zwischen Licht und Schatten auf Hausdächern usw. lässt sich durch Übermalen mit einem hellblauen Copic-Marker wiedergeben.

Stark beschienene Stellen werden mit einem gelben Copic-Marker zum Leuchten gebracht.

Fertiges Bild

Naranos Zeichnungen sind liebevoll und niedlich, aber auch ein wenig melancholisch. Gerade das macht sie so charmant. Tauche in diese Traumwelten ein und gestalte sie mit den Stiften und Farben deiner Wahl.

Die Meeresgasse

Diesen Ozean kann nur das Mädchen sehen. Es hat sichtlich Spaß daran, hier im Sommer das Meerestreiben zu beobachten.

しろくま
ミルク

Fantasie ist endlos

Ich liebe es, wenn die Fantasie die Realität übertrifft. Ich glaube, wenn man tief in Fantasiewelten eintaucht, ist man der „Wirklichkeit" näher als in der echten Welt.

Gefrorene Welt

Ein schreckliches Ungeheuer scheint die Stadt zerstört zu haben. Doch jetzt, wo alles eingefroren ist, hat das kleine Mädchen keine Angst, das Eis allein zu überqueren.

Der Garten im Sternenhimmel

Sterne und Blumen sehen sich ganz ähnlich. Bei so vielen Sternenformen am Himmel und unter den Füßen scheint es, als würde man über den Nachthimmel laufen.

Der Traum vom Meer

Träumt das Mädchen vom Meer vor ihrem Fenster oder von einem Meer in ihrer Fantasie? Wer weiß ...?

Unbekannte Außenwelt

Das Mädchen weiß nichts von der Welt dort draußen. Der heranfliegende Vogel hat sich für sie dort umgesehen und berichtet nun davon.

Soeben versunkene Stadt

Noch scheint niemand zu bemerken, dass die Stadt versunken ist. Alles liegt unberührt unter der Wasseroberfläche.

POST

Restaurant im Meer

Beim Essen vertreiben sich die beiden Mädchen die Zeit mit Karten und Rätselraten. Was mag das wohl für ein Spiel sein?

Vergnügungsparkt über den Wolken

Man läuft wie auf Watte. Sogar die Fahrgeschäfte sind aus Wolken und können ihre Form verändern. So einen Vergnügungspark fände ich wirklich toll.

くもすべり
そらのうえ
わたぐもあめ
くものゆうえんち
ゆうえんち

Das Fruchtbrausemeer

Wäre es nicht lustig, wenn es in unserer Limo
in Wahrheit so zugeht?

Das Tiefseeklavier

Aus dem Meer dringen keine Töne, aber vielleicht werden sie ja als Schaum sichtbar? Es wäre doch schön, wenn der Schaum je nach Melodie eine andere Form annimmt.

Hoch hinaus zum Ziel

(Illustration für die japanische Convention Kansai Comitia 64)

Es gibt Dinge, die kann man nicht sehen, erleben oder genießen, wenn man nichts wagt. Hier habe ich das aufregende Gefühl beim Anflug auf Neuland gezeichnet.

Auf zum Traum

(Illustration für den Locatone Creater Contest 2022)

Das war das Titelbild eines Wettbewerbs. Ich wollte ein Bild zeichnen, bei dem man Lust bekommt, durch die Stadt zu laufen.

Die wahre Gestalt meines Zimmers

In dieser Zeichnung hat das Weltall wie ein Formwandler die Gestalt eines Kinderzimmers angenommen. Doch nur das Mädchen weiß davon.

MOON
RABBIT

Der Duft von Glück

Man sagt, der Geruchssinn weckt von allen Sinnen am stärksten die Erinnerungen. Vielleicht weckt ein Duft ja auch die schönsten Glücksgefühle?

Ein Lied im Frühlingswind

In dieser zarten Frühlingsszene tanzen sogar die Blumen zur Melodie des Klaviers.

Der Regenbogenrock

Das ist ein Rock in Form eines Regenbogens – oder ein Regenbogen in Form eines Rocks?

Frühling ohne Krieg

Ein Schlachtfeld wird zum Blumenfeld. Das Kampfflugzeug ist von Wurzeln überwuchert und nicht mehr zu gebrauchen. Der Krieg hat keine Chance gegen die Natur. Ich wünschte, das wäre so.

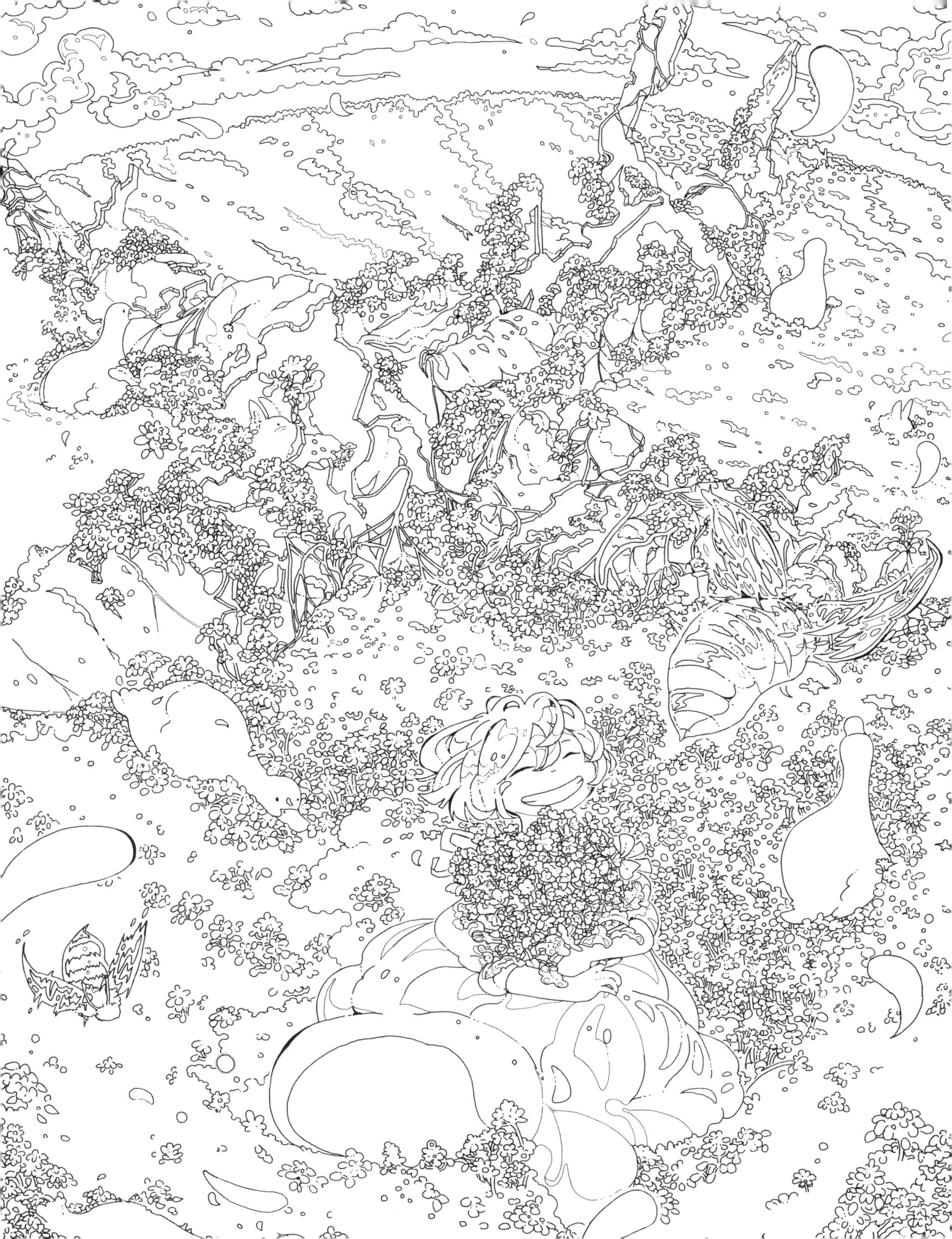

Lass uns spielen!

Es ist niemand zuhause, da kann man doch spielen! Hier habe ich eine ungewöhnliche Szene mit einem frechen Mädchen gezeichnet.

Das Unbekannte

Ein kleines Mädchen schaut gebannt aufs Meer hinaus.
Seine Mutter hält es dabei liebevoll an der Hand.

Blaue Goldfische

In einer schwarzweißen Welt sind nur die Goldfische blau. Vielleicht wünscht sich das kleine Mädchen, das sich verlaufen hat, etwas Farbe im Leben?

Das Limonadenmädchen

(Cider Girl „SODA POP FANCLUB 4",
1. Sonderausgabe/© Universal Music)

Hier habe ich das freudige Gefühl gezeichnet, sich ins Sommerfest zu stürzen, das wie eine andere Welt anmutet.

金魚すくい

Gemeinsam ins große Abenteuer

Aus der Familie, die gemeinsam ein Bilderbuch anschaut, werden – wenn man die Perspektive wechselt – Gefährten auf Abenteuerreise.

Als Mensch verkleidet

(Illustration zu Halloween)

Zu Halloween verkleiden sich die Menschenkinder zum Spaß als Gespenster und andere Wesen. Vielleicht haben sich ja auch ein paar echte (Un-)Wesen darunter gemischt …?

Meer, Häschen und Raumschiff

Offensichtlich mag ich das Motiv von Häschen im Raumschiff.
Hier habe ich viele Hasen mit ganz eigenem Charakter gezeichnet.

Der blaue Drache

(Neue Illustration)

Er ist in Asien eines der vier großen mythischen Wesen. Drachen gehören zu den Fabelwesen, die ich am liebsten mag.

Der weiße Tiger

Das zweite der vier großen mythischen Wesen in Asien.
Ich wollte die kraftvolle Kreatur neben ein Mädchen setzen.
So entstand diese Zeichnung.

Der rote Vogel

Ein weiteres der vier großen mythischen Wesen aus Asien. Um seine göttliche Natur und Unnahbarkeit zu betonen, habe ich eine Hannya-Maske dazu gezeichnet. Diese Masken finden im traditionellen japanischen Theater Verwendung und symbolisieren eine dämonische weibliche Figur.

Die schwarze Schildkröte

(Neue Illustration)

Auch sie ist eines der vier großen Wesen aus der asiatischen Mythologie. Die Frisur der Frau und ihre Kleidung versinnbildlichen die schwarze Schildkröte.

Der kleine Postbote

(Neue Illustration)

Früh am Morgen liegt die Stadt noch im Schlaf. Vielleicht fliegt dann ja ein Postbote mit Flügeln umher und verteilt die Briefe?

Teestunde

(Neue Illustration)

Die Süßigkeiten, die zum Tee gereicht werden, sehen allesamt verführerisch aus. Welche der Köstlichkeiten esse ich denn heute?

In Erinnerungen schwelgen

(Neue Illustration)

Gemeinsam mit seinen Tieren erinnert sich das Kind an Zeiten, als es noch klein war. Wenn es größer wird, wachsen sicher auch die Erinnerungen.

Das Paradieskind

Über der Erde an einem geheimen Ort, viel höher gelegen als der höchste Berg und vor den Menschen verborgen, gibt es vielleicht diese paradiesische kleine Welt.

Wach mitten im Traum

Das frische Gefühl des Aufwachens, obwohl man mitten im Traum ist. Diesen Widerspruch habe ich hier im Bild eingefangen.

Wer die weiße Linie verlässt, verliert!

Hier habe ich ein Spiel aus meiner Kindheit nachempfunden, bei dem man nicht neben die Linie treten darf. In dieser Variante sorgt die schwindelerregende Höhe jedoch für Herzklopfen!

Narano

Naranos Zeichnungen werfen einen warmherzigen, aber auch melancholischen Blick auf die Welt. Sie hat in Taiwan als Erzieherin gearbeitet und ist seit 2020 hauptberuflich als Illustratorin tätig. Ihre Arbeiten umfassen vorrangig Buchcover für Mangas und Sachbücher, Animationen für Musikvideos sowie Illustrationen für Unternehmenswebsites und Plakate.

Impressum

Titel der Originalausgabe: Narano Nurie Book

Dieses Buch wurde im Original 2023 in Japan zusammengestellt und veröffentlich von Graphic-sha Publishing Co., Ltd. Die deutsche Ausgabe wurde 2024 von der frechverlag GmbH veröffentlicht. Die deutsche Lizenz wurde vergeben von GRAPHIC-SHA PUBLISHING CO., LTD durch die Japan UNI Agency, Inc., Tokyo

Mitwirkende an der Originalausgabe

Layout und Design: Yuichi Miyashita [imagecabinet]
Kooperationspartner: Too Marker Products. Inc.
Redaktion: Chihiro Tsukamoto (Graphic-sha Publishing Co., Ltd.)
Internationale Lizenzvergabe: Takako Motoki, Yuki Yamaguchi (Graphic-sha Publishing Co., Ltd.)
Illustrationen: Narano

Mitwirkende an der deutschen Ausgabe

ÜBERSETZUNG: Sabine Hänsgen
LEKTORAT & PRODUKTMANAGEMENT: Iris Stegmanns
COVERGESTALTUNG: Lena Schmitt
HERSTELLUNG UND SATZ: Jessica Siebert
DRUCK: Neografia, Slowakei

1. Auflage 2024

Penguin Random House Verlagsgruppe
FSC® N001967

ISBN 978-3-7358-8114-4 • Best.-Nr. 28114